Bibliografische Information der Deutschen Nationalbibliothek:

Die Deutsche Bibliothek verzeichnet diese Publikation in der Deutschen National-
bibliografie; detaillierte bibliografische Daten sind im Internet über http://dnb.d-
nb.de/ abrufbar.

Impressum:

Copyright © 2010 GRIN Verlag, Open Publishing GmbH
Druck und Bindung: Books on Demand GmbH, Norderstedt Germany
ISBN: 9783640759446

Dieses Buch bei GRIN:

http://www.grin.com/de/e-book/152459/der-begriff-der-gerechtigkeit-in-john-rawls-
eine-theorie-der-gerechtigkeit

Alexander Borodin

Der Begriff der Gerechtigkeit in John Rawls „Eine Theorie der Gerechtigkeit" und seine Problematisierung angesichts aktueller sozialer und wirtschaftlicher Probleme

GRIN Verlag

Schuljahr 2009/2010
Jahrgangsstufe 12

Facharbeit im GK Philosophie

Thema: Der Begriff der Gerechtigkeit in John Rawls „Eine Theorie der
Gerechtigkeit" und seine Problematisierung angesichts aktueller sozialer und
wirtschaftlicher Probleme

Verfasser: Alexander Borodin

Abgabetermin: 22.02.2010

Inhaltsverzeichnis

1. Einleitung   1

2. Die zentralen gedanklichen Eckpfeiler in John Rawls „Eine Theorie der Gerechtigkeit"   2
2.1 Definition des Begriffs Gerechtigkeit bei Rawls   2
2.2 Abgrenzung von Utilitarismus und Altruismus   3
2.3 Die Gerechtigkeitsgrundsätze bei John Rawls   4/5
2.4 Der Urzustand   5/6
2.5 Das Differenzprinzip   6/7

3. Aufzeigung der Aktualität des Rawlsschen Denkens anhand von authentischen Beispielen 7
3.1 Medizinische Versorgung in Deutschland für Menschen ohne Papiere   7/8
3.2 Bildungsgerechtigkeit   8-10
3.3 Expandierende Kluft zwischen Arm und Reich   10

4. Zusammenfassung der Ergebnisse und Reflektion bezüglich der Bedeutung des Werks   11

Literaturverzeichnis   12

1. Einleitung:

Die vorliegende Facharbeit hat zum Ziel den im Hauptwerk des amerikanischen Philosophen John Rawls „Eine Theorie der Gerechtigkeit" [1] eingeführten und legitimierten Gerechtigkeitsbegriff zu untersuchen und diesen auf aktuelle soziale und wirtschaftliche Probleme zu beziehen.

Da die als Leistungsgesellschaft bezeichnete heutige menschliche Gemeinschaft viele Fragen nach Gerechtigkeit, Fairness und Chancengleichheit auf Grund der expandierenden Kluft zwischen Arm und Reich, der verminderten Bildungschancen von Migranten, sowie der eingeschränkten medizinischen Versorgung aufwirft, ist es offensichtlich diesen Begriff an Hand der heutigen Verhältnisse zu problematisieren und abschließend ein objektives Urteil über ihre Rechtfertigung zu fällen.

Der Hauptschwerpunkt soll erstmal dabei liegen eine ausführliche Einführung in die Kernthesen und die Lösungsansätze John Rawls zu schaffen und diese im weiteren Verlauf als gedankliche Basis anzuwenden.

Als Ergebnis soll eine begründete Schlussfolgerung auf die heutige Gesellschaft entstehen, die einen Blick auf mögliche zukünftige Entwicklungen nach sich zieht.

Dabei soll im ersten Schritt das Werk John Rawls und seine wichtigsten Gedankengänge präsentiert und illustriert werden und nachfolgend eine kritische Überleitung zu heutigen Beispielen geschaffen werden.

Im Zuge dieser Präsentation wird vom Gerechtigkeitsbegriff John Rawls auf seine Intention und die damit verbundene Konkretisierung seiner Position übergeleitet und abschließend mündet diese in seinen zentralen Ideen und Ansätzen.

Den Abschluss bildet die Anwendung der Rawlsschen Gerechtigkeitsgrundsätze anhand dreier grundverschiedener authentischer Beispiele mit Hilfe derer die Aktualität und die Bedeutung des Rawlsschen Denkens für heutige gesellschaftliche, politische und wirtschaftliche Debatten aufgezeigt wird.

---

[1] Gegenstand dieser Facharbeit ist John Rawls: Eine Theorie der Gerechtigkeit. Suhrkamp Verlag Frankfurt am Main, 1975 im Folgenden zitiert als T.G.

2. Die zentralen gedanklichen Eckpfeiler in John Rawls „Eine Theorie der Gerechtigkeit"

2.1 Definition des Begriffs Gerechtigkeit bei Rawls

Der Begriff Gerechtigkeit findet in John Rawls Ausführungen vorwiegend eine Verankerung in der Gesellschaft und nicht als höchstes moralisches Gut des Menschen. Das heißt, dass es die Aufgabe des Staates ist, den im Folgenden näher bestimmten Gerechtigkeitsbegriff in den verschiedenen Institutionen, Gesetzen und in der Verfassung zu verankern. Folglich besitzt in John Rawls Werk „Eine Theorie der Gerechtigkeit" nicht das Individuum als solches eine tragende Rolle, sondern wird nur aus seiner Position in der Gesellschaft heraus betrachtet.

Zwar betont Rawls, dass die Gerechtigkeit auch bei der Reflektion von „Entscheidungen, Urteilen und moralischen Bewertungen" (T.G. S.23) eine tragende Rolle spiele, aber weist gleichzeitig daraufhin, dass es ihm ausschließlich um die soziale Gerechtigkeit gehe.

Dabei versucht er den Gegenstand seines Werks zu konkretisieren und betrachtet hierfür „die Grundstruktur der Gesellschaft als den ersten Gegenstand der Gerechtigkeit"(T.G. S.23).

Nebenher hebt er die Bedeutung der Verfassung hervor, welche entscheidend für die Einhaltung der Gerechtigkeit und der Chancengleichheit sei.

Als Beispiele für Institutionen fügt Rawls „die gesetzlichen Sicherungen der Gedanken- und Gewissensfreiheit, Märkte mit Konkurrenz, das Privateigentum an den Produktionsmitteln und die monogame Familie"(T.G. S.23).

Gleichzeitig legen die Institutionen die Rechte und Pflichten der Menschen fest und beeinflussen entscheidend ihre Lebenschancen. Daher sind die Institutionen entscheidend, um die Gerechtigkeit innerhalb einer Gesellschaft bzw. eines Staates zu festigen und zu beschützen.

Alles in allem, hebt er die enorme Bedeutung der Gerechtigkeit im Allgemeinen zum Gelingen der Gesellschaft hervor und rechtfertigt diese als den Utilitarismus entgegen gesetzte Position.

2.2 Abgrenzung von Utilitarismus und Altruismus

Nach John Rawls Auffassung steht der Utilitarismus im direkten Widerspruch zur Gerechtigkeit, welche z.b. durch einen Polizei- und Militärstaat verletzt wird[2] (vgl.S.15), aber streng genommen utilitaristisch betrachtet ein moralisches System ist. In diesem Beispiel würde die Gesellschaft einen Gesamtnutzen tragen, wobei aber Grundrechte, wie z.b. die Freiheit, verletzt werden würden. Dies bedeutet, dass der Utilitarismus den Gesamtnutzen höher stellt als die vorgeschriebenen und allseits anerkannten Grundrechte der Menschen.

Darüber hinaus überträgt der Utilitarismus ein individuelles Handlungsmotiv auf die gesamte Gesellschaft, indem dieser die Gesellschaft als die Summe aller Individuen ansieht und nicht jedes Individuum einzeln betrachtet.

Rawls betont im Wesentlichen, dass der Fehler des Utilitarismus darin liege, dass „alle Menschen zu einem zusammengefasst werden"(T.G. S.45).

Damit ist der Utilitarismus ein Lösungsansatz, der zwar auf den ersten Blick rational erscheint, aber in Wirklichkeit die „Verschiedenheit"(T.G. S.45) der Menschen unberührt lässt. Das bedeutet, dass John Rawls in seinen Ausführungen sich stets vom besagten utilitaristisch bzw. teleologischem Gedankengut abgrenzen und einen eigenen Ansatz finden will.

Überdies beabsichtigt John Rawls sich mit seiner Theorie von einer anderen Anschauung, dem Altruismus abzugrenzen, welchen er als unvernünftig ansieht (vgl. T.G. S.30).

Der Altruismus umfasst die Fähigkeit des Menschen seine Handlungs- bzw. Betrachtungsweise nicht nur auf das eigene Subjekt zu beziehen, sondern auch in selbstloser Weise, d.h. zum Vorteil anderer Individuen, einer Gemeinschaft oder auch eines eher abstrakten Ideals, zu handeln[3].

Um einen Kontrast zum Altruismus zu schaffen definiert Rawls den Begriff der Vernünftigkeit, welchen er als die Fähigkeit verstehe, zu gegebenen Zielen die wirksamsten Mittel einzusetzen und stellt dabei die Prämisse auf, dass die Menschen dabei keine aufeinandergerichteten Interessen besitzen.

Dabei betont er, dass es von weit reichender Bedeutung sei, dass man in diesen Begriff „keine strittigen ethischen Eigenschaften hineinlege" (T.G. S.31), da der Urzustand auf eine allseits anerkannte Weise definiert werden solle.

---

[2] Vgl. Eine Theorie der Gerechtigkeit: Otfried Höffe. Akademie Verlag GmbH, Berlin 1998
[3] Vgl. http://www.ib.hu-berlin.de/~wumsta/infopub/semiothes/lexicon/default/do3.html

2.3 Die Gerechtigkeitsgrundsätze bei John Rawls

Im Laufe seiner Ausführungen stellt John Rawls zwei fundamentale und nicht in Frage zu stellende Gerechtigkeitsgrundsätze auf.

Erstens formuliert er dabei die Gleichheit der Grundrechte und –pflichten in einer Gesellschaft (vgl. T.G. S31f.) und zweitens, dass „soziale und wirtschaftliche Gerechtigkeiten, nur dann gerecht sind, wenn sich aus ihnen Vorteile für jedermann ergeben, insbesondere für die schwächsten Mitglieder der Gesellschaft" (T.G. S.32).

Dabei versucht er erneut seine Position von dem Utilitarismus zu kontrastieren, indem er bemerkt, dass es zwar vielleicht zweckmäßig, aber noch lange nicht gerecht sei, dass einige weniger haben, damit es anderen besser gehe.

Damit verdeutlicht er den Unterschied zwischen dem Utilitarismus und der von ihm formulierten Gerechtigkeit, wobei er nicht der Meinung ist, dass die beiden Positionen sich gänzlich ausschließen würden, aber es sehr wohl Situationen gebe, wo zwar ein für die Gesamtheit höherer Nutzen erreicht werde, aber gleichzeitig die Gerechtigkeitsgrundsätze verletzt werden.

Schließlich konkretisiert Rawls die beiden Grundsätze, indem er sie folgendermaßen formuliert.

„1. Jedermann hat gleiches Recht auf das umfangreichste Gesamtsystem gleicher Grundfreiheiten, das für alle möglich ist.

2. Soziale und wirtschaftliche Ungleichheiten müssen folgendermaßen beschaffen sein:

    (a) sie müssen unter der Einschränkung des gerechten Spargrundsatzes den am wenigsten Begünstigten den größtmöglichen Vorteil bringen, und

    (b) sie müssen mit Ämtern und Positionen verbunden sein, die allen gemäß fairer Chancengleichheit offen stehen" (T.G. S.81).

Es fällt dabei auf, dass der erste Grundsatz Zivil- bzw. Grundrechte betrifft, wie z.B. Glaubensfreiheit, Wahlrecht usw. und das im Wesentlichen den vorgeschriebenen Rechten des Deutschen Grundgesetzes entspricht.

Im Gegensatz dazu schließt der zweite Grundsatz Ungleichheiten finanzieller oder sozialer Natur nicht aus, sondern bietet eine Möglichkeit diese Ungerechtigkeiten anzupassen und damit auszugleichen.

„Diese Ungleichheiten müssen dabei so ausgeglichen werden, dass sie den Nutzen der von Natur aus Benachteiligten soweit steigern, wie es mit dem Prinzip gerechten Sparens vereinbar ist" [4](T.G. S.11).

Der andere signifikante Aspekt ist, dass die Ämter, welche mit diesen Ungleichheiten gepaart sind, eine Basis bieten, die es jedem erlaubt, sie zu erlangen und einzunehmen. Zum Beispiel ist die Schülertrennung nach der Grundschule nur dann gerecht, wenn es jedem Schüler, unabhängig von Religion, Geschlecht oder Familiensituation ermöglicht wird, jede der Schulformen zu besuchen, die je nach Fähigkeiten für diesen geeignet ist.

Es bleibt außerdem zu konstatieren, dass die Grundsätze sich nicht untereinander ausgleichen können, sondern dass sie in „lexikalischer Ordnung" (T.G. S.82) stehen sollen.

Dies bedeutet, dass eine Verletzung der vom ersten Grundsatz geschützten Grundfreiheiten, „nicht durch größere gesellschaftliche oder wirtschaftliche Vorteile gerechtfertigt oder ausgeglichen werden kann" (T.G. S.82).

Als Beispiel bleibt zu nennen, dass ein Polizeistaat zwar einen gesellschaftlichen Vorteil nach sich ziehen könnte, nämlich Sicherheit, aber es gleichzeitig zu einer Verletzung des Grundrechts persönliche Freiheit kommt. Aus diesem Grund ist diese staatliche Struktur nach Rawls nicht als gerecht zu bezeichnen.

2.4 Der Urzustand

Ein zentraler und essentieller Grundbegriff in John Rawls Argumentation ist der Urzustand, das gedankliche Konstrukt, welches er bei der Erarbeitung seine Gerechtigkeitstheorie errichtet.

Da Menschen, die ein bestimmtes Wissen von ihrer Position in der Gesellschaft, in den meisten Fällen die für ihre Position günstigsten Grundsätze aufstellen werden und daher auch sehr unterschiedlich aussehen werden, wird keine Einigung erzielt werden können.

Aus diesem Grund führt Rawls den „Schleier des Nichtwissens" (T.G. S.159) ein, welcher bedingt, dass die Menschen bei der Wahl der Grundsätze kein Wissen über ihre Position, ihre Begabungen, ihren Intellekt, ihren Rang usw. haben und daher zwingend zu einer gerechten Lösung kommen müssten.

Da sie automatisch in Kauf nehmen müssen, dass sie das schwächste Glied der Gesellschaft bilden müssten, sind alle Vertragspartner daran interessiert die Schwächsten zu stärken, wobei sie keineswegs im Gegenzug die Stärksten schwächen wollen.

---

[4] Vgl. Eine Theorie der Gerechtigkeit: Otfried Höffe. Akademie Verlag GmbH, Berlin 1998

Als primäre Bedingung schlägt Rawls vor, dass im Urzustand eine Gleichheit zwischen den Vertragspartnern herrschen soll, die eine Unparteilichkeit ausschließt und die Möglichkeit eröffnet faire und gerechte Gerechtigkeitsgrundsätze zu schaffen.

Dadurch, dass jeder zwar beabsichtigt seinen eigenen Nutzen zu maximieren, was dem Egoismus entsprechen würde, aber gleichzeitig durch den Schleier des Nichtwissens kein Wissen über den eigenen Gesellschaftshintergrund besitzt, wird dieser Egoismus ausgeschlossen.

Rawls Hauptgegner, der Utilitarismus, wird ebenfalls durch den Urzustand aufgelöst, da jede bei diesem Gedankenexperiment beteiligte Person explizit nicht den Nutzen des Kollektivs, sondern nur den eigenen versucht zu maximieren.

Eine wichtige von Rawls aufgestellte Prämisse zum Urzustand ist die Vernünftigkeit der Vertragspartner, welche sich darin äußert, dass die Vertragspartner trotz des Schleiers des Nichtwissens versuchen „ihre Freiheiten zu schützen, ihre Möglichkeiten auszuweiten und ihre Mittel zur Verfolgung ihrer Ziele, welcher Art sie auch seien, zu vermehren" (T.G. S.166).

Das bedeutet, dass die Vertragspartner folglich auch in der Lage sind, durch die Hinzunahme ihrer Vernunft rationale Entscheidungen zu treffen und damit gerechte Grundsätze zu schaffen.

2.5 Das Differenzprinzip

Die bevorzugten Personen werden zu Handlungen veranlasst, die die Aussichten der benachteiligten Personen verbessern (T.G. S.99), z.B. Neuerungen oder Innovationen.

Dabei differenziert Rawls zwischen zwei Zuständen, die das Maß der Gerechtigkeit bestimmen und festsetzen.

Beim ersten Fall werden die Aussichten des am wenigsten Begünstigten tatsächlich maximiert und gleichzeitig kann durch eine Veränderung der Aussichten der am besten Begünstigten die Lage der am schlechtesten Gestellten verbessert werden.

Dieser Zustand wird von Rawls als „vollkommen gerecht" (T.G. S.99) bezeichnet, da ein offensichtlicher positiver Effekt erreicht wird, von dem die minder Begünstigten profitieren.

Die bevorzugte, besser gestellte Person, z.B. die Führungskraft eines Unternehmens, kann dadurch selbst zur Verringerung der Ungleichheit beitragen und die Lage der benachteiligten Person, z.B. eines gering bezahlten Arbeiters, verbessern.

Der andere Fall ist, dass die Aussichten aller Bevorzugten zum Wohl der Benachteiligten beitragen, aber dass dabei kein Maximum erreicht wird. Schlechtere Aussichten der Bevorzugten, würden hierbei ebenfalls zu einer Verschlechterung der Aussichten der Benachteiligten beitragen und daher ist diese Entwicklung zwingend zu vermeiden.

Daraus folgt, dass die Aussichten der Bevorzugten und Benachteiligten in diesem Fall in einer gegenseitigen Wechselwirkung stehen und die Entwicklung der Aussichten des schlecht bezahlten Arbeiters direkt von den Aussichten des reichen Managers abhängt.

Diese Verhältnisse bezeichnet Rawls als „durchweg gerecht, jedoch nicht als die beste gerechte Möglichkeit" (T.G. S.99).

Zusammenfassend kann man sagen, dass Rawls nicht die Absicht hat das Maß an Ungerechtigkeit zu messen, sondern betonen will, dass der Zustand des steigenden Nutzens der Bevorzugten bei gleichzeitigem Abfall des Nutzens der Benachteiligten vermieden werden solle.

3. Aufzeigung der Aktualität des Rawlsschen Denkens anhand von authentischen Beispielen

Da es in unserer heutigen Leistungsgesellschaft immer zu so genannten „Ungerechtigkeiten" kommt, lohnt es sich auf jeden Fall, die verschiedenen Institutionen und Normalitäten nach Rawls Theorie der Gerechtigkeit kritisch zu untersuchen und zu einer fundierten Schlussfolgerung zu kommen.

3.1 Medizinische Versorgung in Deutschland für Menschen ohne Papiere

Aus dem bundesweiten Kongress für Armut und Gesundheit[5] geht hervor, dass Menschen ohne gültige Aufenthaltserlaubnis in Deutschland theoretisch einen beschränkten Zugang zu medizinischer Versorgung haben, diesen aber auf Grund von der Meldepflicht nicht wahrnehmen wollen und können.

Diese offensichtlichen Ungleichheiten zwischen den registrierten Bürgern und jenen ohne Papiere werfen nach Rawls die Frage auf, inwieweit diese ungerecht sind und welche Bedingungen erfüllt sein müssen, damit diese Zustände als gerecht bezeichnet werden könnten.

---

[5] Vgl. http://www.gesundheitberlin.de/download/Aichele,_Valentin.pdf

Betrachtet man den von Rawls zuerst aufgestellten Gerechtigkeitsgrundsatz, kommt man zu dem Schluss, dass das Recht auf Gesundheit, welches ein Menschenrecht ist, auch bei Rawls zu einem Grundrecht gezählt werden muss.

Dabei bleibt anzumerken, dass dieses Grundrecht als Gesetz vorhanden ist und daher der erste Grundsatz unter den genannten Einschränkungen erfüllt ist.

Da es unter der genannten Personengruppe überaus evident ist, dass diese theoretisch für jeden offen stehende Versorgung entweder zu spät oder überhaupt nicht wahrgenommen wird, ist es klar, dass eine praktische Ungleichheit vorliegt.

Laut dem zweiten Grundsatz müsste diese Ungleichheit so geregelt sein, dass die am wenigsten Begünstigten, hier die Asylbewohner, den größtmöglichen Vorteil erhalten.

Das heißt, dass die Menschen, die auf dieses Grundrecht verzichten müssen, durch das Differenzprinzip einen Ausgleich in Form von Gütern, Rechten etc. erlangen müssen.

Der „gerechte Staat" müsse also dafür sorgen, dass diese Menschen z.B. bessere Bildungsmöglichkeiten, eine simplere Einbürgerung usw. erhielten, die die erlittene Ungerechtigkeit ausgleichen.

Außerdem beinhaltet der zweite Aspekt des zweiten Grundsatzes, dass diese Ungleichheiten mit Ämtern und in diesem bestimmten Fall dem Sozialversicherungssystem als Ganzes verbunden sein müssen, die gemäß fairer Chancengleichheit offen stehen, z.B. die allgemeine Kranken- oder Unfallversicherung.

Bei dem genannten Beispiel ist die Chancengleichheit im Bezug auf die medizinische Versorgung zu untersuchen, die per Gesetz jedem offen steht, also absolut ist.

Trotz dieses Gesetzes ist es in der Realität so, dass Menschen ohne Papiere eine geringere Chance auf diese Versorgung besitzen, da sie sich vor der Meldepflicht fürchten.

Dies bedeutet, dass der Staat um auch diesem Gerechtigkeitskriterium gerecht zu werden einen entsprechend der fairen Chancengleichheit ungehinderte Versorgung für alle Menschen ermöglichen müsse. Nur wenn alle diese Kriterien erfüllt wären, würde diese soziale Ungerechtigkeit „gerecht" sein.

3.2 Bildungsgerechtigkeit

Wie kann nach John Rawls eine allgemeine Bildungsgerechtigkeit erreicht werden?

Betrachtet man erneut die Rawlschen Gerechtigkeitsgrundsätze fällt einem auf, dass der erste Gerechtigkeitsgrundsatz automatisch per Gesetz gesichert ist, da alle Schüler unabhängig von ihrem familiären Hintergrund, ihrem Geschlecht, ihrem Migrationshintergrund usw. nicht nur die Möglichkeit, sondern vielmehr die Pflicht haben, eine Schule mindestens neun Jahre zu besuchen.

Hinzu kommt die Frage, inwieweit die Verteilung der Schüler nach Beendigung der Grundschule zu den verschiedenen Schulformen, wie Gymnasium, Hauptschule oder Realschule überhaupt legitim ist?

Diese ebenfalls offensichtlichen Ungleichheiten sind erstens nur dann gerecht, wenn die minder Begünstigten, in diesem Fall die Hauptschüler, den größten Vorteil tragen.

Da die Hauptschüler im Gegenteil auf dem Arbeitsmarkt eine deutlich schlechtere Chance haben und daher oft ohne Ausbildung oder andere Qualifikation enden ist vielmehr ein eklatanter Nachteil zu beobachten.

Die Tatsachte, dass unter den Jugendlichen ohne Berufsausbildung 38% mit Hauptschulabschluss und 32% gänzlich ohne Abschluss sind, verdeutlicht diesen Sachverhalt deutlich[6] (siehe BIBB-Übergangsstudie 2006).

Betrachtet man das zweite Kriterium, die faire Chancengleichheit, so kommt man zu dem Ergebnis, dass diese zwar durch die Schulempfehlung auf Grundlage des Zeugnisses in der vierten Klasse vorhanden ist, aber dies nichts an der Tatsache ändert, dass „Der Sohn vom Chefarzt auch bei mittleren Leistungen eine Gymnasialempfehlung erhält, die Tochter der türkischen Putzfrau bekommt trotz guter Leistungen nur eine Hauptschulempfehlung"[7].

Daraus kann man schließen, dass eine Chancengleichheit erneut nur theoretisch besteht, aber praktisch und empirisch nicht zu beobachten ist. Aus diesem Grund ist das deutsche Bildungssystem bezüglich der Auslese der Schüler nach Rawls Grundsätzen als ungerecht anzusehen.

Wie würden also die Vertragspartner im Urzustand entscheiden?

Keiner der Vertragspartner kennt seine persönlichen Eigenschaften, in diesem bestimmten Fall zum Beispiel seinen familiären Hintergrund, seine Intelligenz, seine Leistungsbereitschaft etc., welche von signifikanter Bedeutung für die Schullaufbahn jedes Schülers sind.

Jeder der Vertragspartner muss sich also auch in die Lage des am wenigsten Begünstigten hineinversetzen. Nimmt man das Beispiel der Tochter der türkischen Putzfrau, kommt jeder der Vertragspartner, welche alle als Prämisse die Vernünftigkeit besitzen, durch das Benutzen der Vernunft zu dem Schluss, dass dieses System nicht gerecht sein kann.

Folglich würden die Vertragspartner den Grundsatz aufstellen, dass nur die Leistung bei der Ausstellung der Schulempfehlung berücksichtigt werden sollte.

Dieser Grundsatz würde aber wiederum ein anderes Problem aufwerfen.

---

[6] Vgl. http://library.fes.de/pdf-files/stabsabteilung/06430.pdf
[7] Vgl. http://www.spiegel.de/schulspiegel/0,1518,304864,00.html

Das System, das nach reiner Leistung beurteilt, wäre unflexibel und könnte Entwicklungen und andere Faktoren der Schüler nicht mit einbeziehen. Dies würde dazu führen, dass Schüler ihr Potential nicht voll ausschöpfen würden und diesem System zum Laste fielen.

Alles in allem, kann man konstatieren, dass das deutsche Bildungssystem durch die Anwendung der Rawlsschen Grundsätze als ungerecht bezeichnet werden muss und daher viel Raum zum Nachdenken bietet und bieten muss.

3.3 Expandierende Kluft zwischen Arm und Reich

Als letztes Beispiel wird die immer größer werdende Kluft zwischen Arm und Reich und der damit verbundene teilweise Wegfall der Mittelschicht angewandt[8].

Inwieweit kann diese ansteigende Ungleichheit überhaupt gerecht sein und wie müsste man die minder Begünstigten unterstützen?

Die Armen, oft Arbeitslosen, müssen nach Rawls durch diese Ungleichheit und den Missstand den größten Nutzen tragen. Diese Menschen müssten z.B. Umschulungen, weitere Qualifikationsmöglichkeiten, höhere finanzielle Mittel durch die Steuerabgaben der Reichen erhalten. Das bedeutet, dass sie von den Reichen profitieren müssen und entsprechend dem Differenzprinzip muss sich ihre Situation im Falle eines Wegfalls der betreffenden Ungleichheit fundamental verschlechtern.

Außerdem müssten die Armen jederzeit die Möglichkeit haben gemäß fairer Chancengleichheit zu den Reichen vorzustoßen.

Dabei bleibt auch anzumerken, dass die Verbesserung der Aussichten der Reichen ebenfalls eine Verbesserung der Aussichten der Armen mit sich führen müsse, damit wenigstens der nach Rawls „durchweg gerechte" Zustand erreicht wird.

Diese Bedingungen müssten erfüllt sein, damit das globale Problem der gewaltigen Kluft zwischen Arm und Reich nach Rawls' Theorie der Gerechtigkeit beseitigt wird und die Welt damit ein wesentliches Stück gerechter wird.

---

[8] Vgl. http://www.spiegel.de/wirtschaft/0,1518,543673,00.html

4. Zusammenfassung der Ergebnisse und Reflektion bezüglich der Bedeutung des Werks

Die von John Rawls gelieferten Erkenntnisse, insbesondere das Gedankenkonstrukt, welches er mit dem Schleier des Nichtwissens aufbaut, bieten eine formale Plattform, welche dazu benutzt werden kann die gesellschaftlichen Ungleichheiten und Ungerechtigkeiten kritisch zu betrachten und ermöglicht dadurch seiner Gerechtigkeitstheorie entsprechend faire Grundsätze zu schaffen. Dieses Gedankenexperiment ist notwendig, um sich auch in die Lage der Benachteiligten zu versetzen, aber gleichzeitig auch die Situation der Bevorzugten der Gesellschaft nicht zu verschlechtern, was im Sinne der Unparteilichkeit von entscheidender Bedeutung ist. Daher können auch nur die Rawlsschen Vertragspartner, welche eine gedankliche Metaebene einnehmen, zu einer gerechten und fairen Lösung kommen.

Denn ist es nicht in hohem Maße unwahrscheinlich, dass der Manager am Gipfel der Gesellschaft sich in die Lage des armen, unqualifizierten Arbeiters hineinversetzt und darüber hinaus auch noch bereit ist seine Aussichten zu verschlechtern, um die des Arbeiters zu verbessern und somit zur Gerechtigkeit beitragen zu können?

Auf jeden Fall erfordert diese Beseitigung von Ungerechtigkeiten ein nicht allzu geringes Maß an persönlichem Einsatz und Willen der verschiedenen Gesellschaftsklassen, insbesondere natürlich der am besten Gesellten.

Dieser Einsatz ist äußerst fraglich und kann vor allem in der heutigen Leistungsgesellschaft nicht als selbstverständlich angesehen werden, was darauf schließen lässt, dass der Ansatz von Rawls einen nicht zu vernachlässigen Anteil an Idealismus enthält.

Trotz allem, ist John Rawls' Theorie der Gerechtigkeit ein Werk, welches entscheidend zur heutigen politischen Ethik beiträgt und vor allem nicht einfach eine Anleitung zu einer gerechteren Welt bietet, sondern vielmehr die gedankliche Basis zum kritischen Nachdenken über die verschiedensten aktuellen und dringlichsten Verhältnisse der Gesellschaft bietet und damit ein unverzichtbares Mittel in der philosophischen Diskussion darstellt.

Literaturverzeichnis

Primärquellen:

Buchtitel: Rawls, John: Eine Theorie der Gerechtigkeit. Suhrkamp Verlag Frankfurt am Main, 1975

Sekundärquellen:

Buchtitel: Höffe, Otfried: Eine Theorie der Gerechtigkeit. Akademie Verlag GmbH Berlin, 1998

Aufsätze:

Krekel, Ulrich: Jugendliche ohne Berufsabschluss. Bonn, 2009

Dr. Valentin Aichele: Über den Zugang zu medizinischer Versorgung von Menschen ohne Papiere: Die menschenrechtliche Perspektive. Berlin, 2008

Internetquellen:

http://www.ib.hu-berlin.de/~wumsta/infopub/semiothes/lexicon/default/do3.html

http://www.gesundheitberlin.de/download/Aichele,_Valentin.pdf

http://library.fes.de/pdf-files/stabsabteilung/06430.pdf

http://www.spiegel.de/schulspiegel/0,1518,304864,00.html

http://www.spiegel.de/wirtschaft/0,1518,543673,00.html